Nadine Evers und Bernd Wehren

Der Schulranzen-Führerschein

Bernd Wehren

studierte die Fächer Deutsch, Mathematik, Sachunterricht und Sport auf Grundschullehramt von 1990 bis 1995 in Münster. Nach dem Referendariat in Bochum unterrichtete er an mehreren Grundschulen, heute ist er Lehrer an der Heinrich-Neuy-Grundschule in Steinfurt. Bernd Wehren veröffentlichte bereits mehrere Unterrichtshilfen und Arbeitsmaterialien.

Nadine Evers

ist ausgebildete Erzieherin, studiert Sozialpädagogik und ist Projektleiterin an zwei Ganztagsschulen in Steinfurt.

Hinweis
Die beiliegenden Führerscheine können sie als Klassensatz unter der ISBN 978-3-8344-3762-4 nachbestellen.

Gedruckt auf umweltbewusst gefertigtem, chlorfrei gebleichtem und alterungsbeständigem Papier.

4. Auflage 2019
© 2008 PERSEN Verlag, Hamburg
AAP Lehrerfachverlage GmbH
Alle Rechte vorbehalten.

Illustrationen: Astrid Wilkesmann
Satz: DTP-Studio Koch, Oberweißbach

ISBN 978-3-8344-3760-0

www.persen.de

Inhaltsverzeichnis

Einführung   4

Info-Brief für die Eltern zur Ranzenwahl   6

Bronzener Ranzen:

Ranzen-Probleme   7

Müll im Ranzen   8

Die vollständige Federtasche   9

Die aufgeräumte Federtasche   10

Arbeitsblätter einheften   11

Stifte anspitzen   12

Silberner Ranzen:

Heftführung   13

Bücher, Hefte und Hausaufgabenheft okay?   14

Keine vollen Hefter   15

Goldener Ranzen:

Schulmaterial zuordnen   16

Ranzen richtig tragen   17

Zusätzliche Arbeitsblätter:

Bildergeschichten rund um den Ranzen   18

Schulsachen im Ranzen   19

Erste Hilfe für den Ranzen   20

Die gesunde Brotdose   21

Ranzen-Rätsel   22

Urkunde   23

Einführung

Chaos im Schulranzen?!
Welche Lehrer, Kinder und Eltern kennen dieses Problem nicht?

„Ich finde mein Heft nicht." „Wer hat mein Radiergummi gesehen?" „Wer leiht mir einen Bleistift?" „Mein Trinkpäckchen ist ausgelaufen!" „Pass auf deine Schulsachen auf!"

Mit dem Heft „Der Schulranzen-Führerschein" lernen die Kinder, ihren Arbeitsplatz, ihre Federtasche, ihr Fach, ihre Hefte und ihren Ranzen im Klassenraum und zu Hause in Ordnung zu halten. Denn nur so ist ein erfolgreiches und zufriedenstellendes Arbeiten während der Grundschulzeit für Kinder, Eltern und Lehrer gewährleistet.

Damit sich der gewünschte Erfolg eher einstellt, ist es ratsam, die Eltern über den Sinn und Zweck des „Schulranzen-Führerscheins" zu informieren. Nur dann können die Erwachsenen ihren Kindern helfen und mit darauf achten, dass sie ihre Schulsachen in Ordnung halten.

„Der Schulranzen-Führerschein" beinhaltet 18 Kopiervorlagen mit vielfältigen, handlungsorientierten Übungen für die Klassen 1 bis 4[1] und einen Klassensatz farbiger Führerscheine.

So können Sie die *Kopiervorlagen* und farbigen *Führerscheine einsetzen*:

- als Unterrichtsreihe „Lernen lernen"
- in der Freiarbeit
- in der Wochenplanarbeit
- im offenen Anfang vor Unterrichtsbeginn
- in der (offenen) Ganztagsschule, z. B. als AG „Strukturiertes Lernen"
- zu Hause als Vorbereitung auf eine Schulranzen-Führerschein-Prüfung

Konkreter Einsatz der *Kopiervorlagen*:

Alle Kopiervorlagen sind so konzipiert, dass sie Gesprächs-, Lese- und Schreibanlässe rund um den Ranzen bieten. Die Kopiervorlagen haben Zusatzaufgaben, um einem differenzierten Unterricht gerecht zu werden („Das kannst du auch noch machen:").

Das Heft mit seinen Übungen ist analog zu den Führerschein-Prüfungen aufgebaut (vgl. „Inhaltsverzeichnis" mit „Schulranzen-Führerschein"). So können Sie genau die Kopiervorlagen vervielfältigen, die die Kinder zur Vorbereitung auf eine Führerschein-Prüfung benötigen.

Nach jedem erfolgreich bearbeiteten Arbeitsblatt dürfen die Kinder der Leitfigur Rudi Ranzen einen lachenden Mund ins Gesicht malen.

---

[1] Tipp für Erstklässlerinnen: Die Lehrerin liest den Erstklässlern die Aufgabentexte vor. Mit Hilfe der Illustrationen können die Fragen der Kinder zu den Aufgaben geklärt werden.

Konkreter Einsatz der farbigen *Führerscheine*:

Da Sie nur wenige Schulranzen auf einmal hinsichtlich der Ordnung kontrollieren können, sollten Sie die Prüfungen (Bronzener, Silberner und Goldener Ranzen) in offene Unterrichtsphasen einbauen (Freiarbeit, Wochenplan, offener Unterrichtsanfang).

In der (offenen) Ganztagsschule können die Führerschein-Prüfungen als regelmäßiges Programm in der Woche stattfinden (z.B. immer freitags vor dem Wochenende).

Empfohlener Ablauf der Prüfung:

1. Jedes Kind erhält einen Schulranzen-Führerschein. Die Klasse bespricht die jeweiligen Ordnungskriterien[2]. Der Führerschein kann in der Federtasche oder gesammelt in der Klasse aufbewahrt werden.
2. Alle ein bis zwei Wochen findet eine Prüfung statt.
3. Vor jeder Prüfung haben die Kinder ca. 10 Minuten Zeit, ihren Arbeitsplatz, ihre Federtasche, ihr Fach und ihren Ranzen in Ordnung zu bringen. Auch zu Hause – in Form einer vorbereitenden Hausaufgabe – können die Kinder ihren Ranzen aufräumen.
4. Hat das Kind alles vorbereitet, wird die erste Prüfung abgenommen. Das Kind muss alle vier Ordnungskriterien erfüllt haben, um die erste Prüfung zu bestehen.
5. Die erfolgreich bestandene Prüfung wird von Ihnen durch viermaliges Abhaken, Datum und Unterschrift bestätigt.
6. Ein bis zwei Wochen später findet die zweite Prüfung statt.
7. Hat der Schüler die ersten drei Prüfungen bestanden, hat er den „Bronzenen Ranzen".
8. Für den Silbernen und Goldenen Ranzen kommen jeweils zwei Ordnungskriterien dazu.

Neben den farbigen Schulranzen-Führerscheinen erhalten die Kinder zum Abschluss eine Urkunde.

Viel Spaß und Erfolg beim Schulranzen-Training!

Nadine Evers   Bernd Wehren

---

[2] **Bronzener Ranzen:** 1. Kein Müll im Ranzen 2. Aufgeräumtes und komplette Federtasche 3. Arbeitsblätter eingeheftet 4. Stifte angespitzt

Silberner Ranzen: Bronzener Ranzen + 5. Hefte, Hefter, Bücher und Hausaufgabenheft sind okay 6. Keine vollen Hefter

Goldener Ranzen: Silberner Ranzen + 7. Fächer im Klassenraum sind okay 8. Richtiges Tragen eines Ranzens

Info-Brief für die Eltern zur Ranzenwahl

13 Tipps für den Schulranzen-Kauf:

1. Nehmen Sie Ihr Kind zum Ranzen-Kauf mit. Denn Ihr Kind muss den Ranzen tragen können und wollen, nicht Sie.

2. Das Schulkind sollte den Ranzen gut tragen können. Der Ranzen muss zum Rücken des Kindes passen, nicht umgekehrt!

3. Lieber einen qualitativ hochwertigen Ranzen als einen preiswerteren Ranzen kaufen. Rucksäcke sind als Ranzen-Ersatz nicht geeignet!

4. Kleine Kinder sollten kleine Ranzen tragen.

5. Das Leergewicht des Schulranzens darf höchstens bei 1,4 kg liegen.

6. Das Rückenteil des Ranzens sollte komplett gepolstert sein.

7. Der Haltegriff sollte mindestens 8 cm lang sein.

8. Die 4–6 cm breiten Trageriemen sollten stufenlos verstellbar und gepolstert sein.

9. Der Ranzen sollte der DIN-Norm 58124 entsprechen (evtl. TÜV- und GS-Siegel).

10. Der Ranzen sollte wetterfest sein.

11. Der Ranzen sollte grell leuchten und zusätzlich vorne und seitlich zahlreiche reflektierende Streifen haben (Verkehrssicherheit!).

12. Der Schulranzen sollte keine Schadstoffe enthalten!

13. Es ist sinnvoll, sich im Fachhandel beraten zu lassen oder bei „Stiftung Warentest" und „Ökotest" Informationen zum Ranzenkauf einzuholen.

Tipps für den Schulalltag:

1. Das Gesamtgewicht eines Schulranzens mit Büchern, Heften usw. sollte maximal ca. 12 % des Körpergewichtes vom Schulkind ausmachen:

Körpergewicht:	20 kg	25 kg	30 kg	35 kg	40 kg
Ranzengewicht:	~ 2,5 kg	~ 3 kg	~ 3,5 kg	~ 4 kg	~ 4,5 kg

2. Packen Sie den Ranzen in den ersten Schulwochen täglich mit Ihrem Kind gemeinsam. Lassen Sie den Ranzen erst dann von Ihrem Kind packen.

3. Üben Sie das a) Aufsetzen, b) Tragen und c) Abnehmen des Ranzens mit Ihrem Kind:
   a) Kinder können den Ranzen auf einen Tisch oder Stuhl stellen, die Arme durch die Trageriemen stecken und dann auf den Rücken setzen. Beide Riemen sind straff gezogen.
   b) Die obere Kante des Ranzens sollte nicht über die Schultern ragen. Der Ranzen sollte nicht zu tief hängen (z. B. über dem Po).
   c) Das Kind stellt den Ranzen wieder auf einen Tisch oder Stuhl, löst die Riemen und zieht die Arme aus den Riemen.

4. Gehen Sie mit Ihrem Kind den Schulweg ab – mit und ohne Ranzen. Gibt es Probleme beim Tragen des Ranzens?

5. Achten Sie in Absprache mit dem Klassenlehrer beim Kauf und Nachkauf von Utensilien für die Federtasche auf Qualität, insbesondere bei Blei- und Buntstiften.

6. Es ist ratsam, Kleidung, Sportsachen und Schulutensilien mit Namen oder Namenskürzel zu beschriften.

Nadine Evers/Bernd Wehren: Der Schulranzen-Führerschein
© Persen Verlag

Ranzen-Probleme

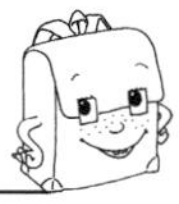

1. Kennst du diese Ranzen-Probleme (a bis h)? Erzähle.
2. Spiele einige dieser Ranzen-Probleme nach.
3. Finde Lösungen für die Ranzen-Probleme. Erzähle. Schreibe sie auf.

a)

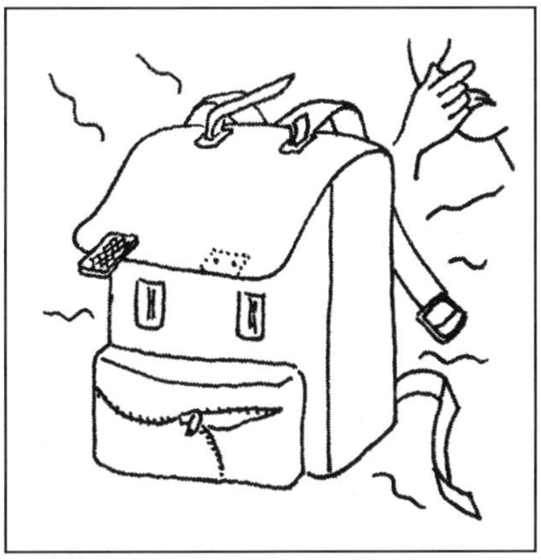

b)

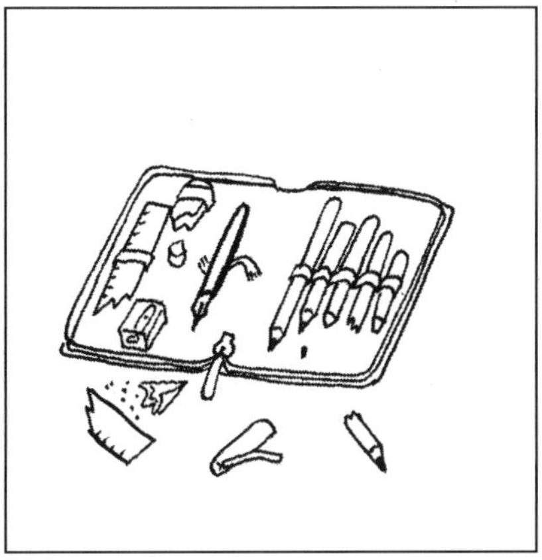

c)

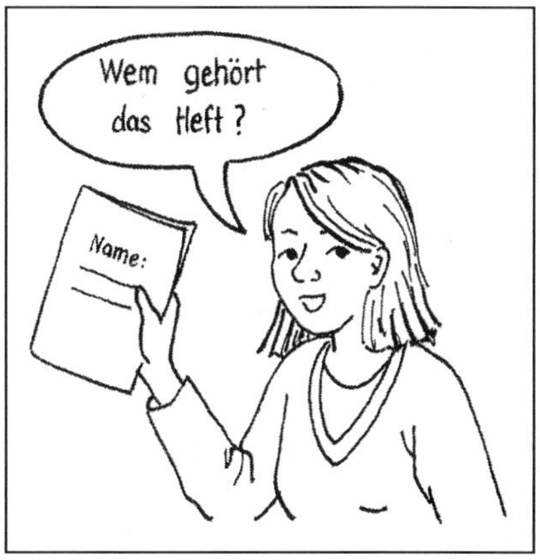
Wem gehört das Heft?
Name:

d)

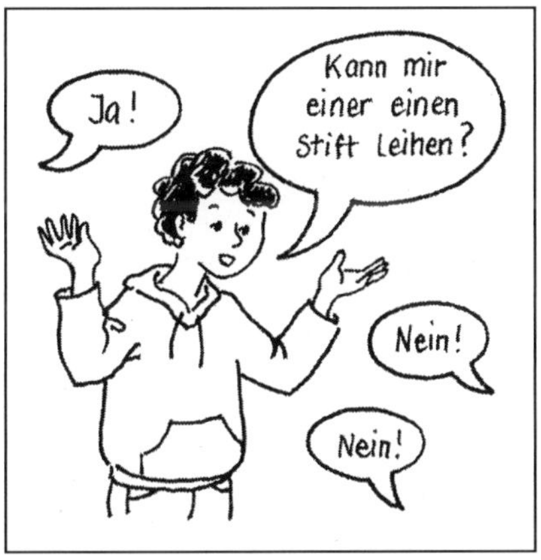
Ja!
Kann mir einer einen Stift leihen?
Nein!
Nein!

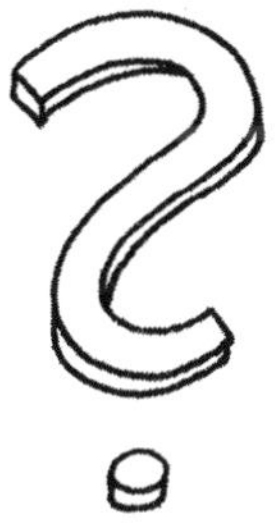

e)

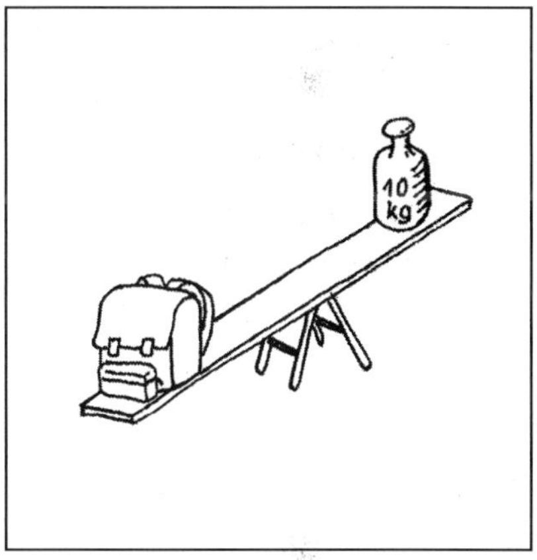
10 kg

f)

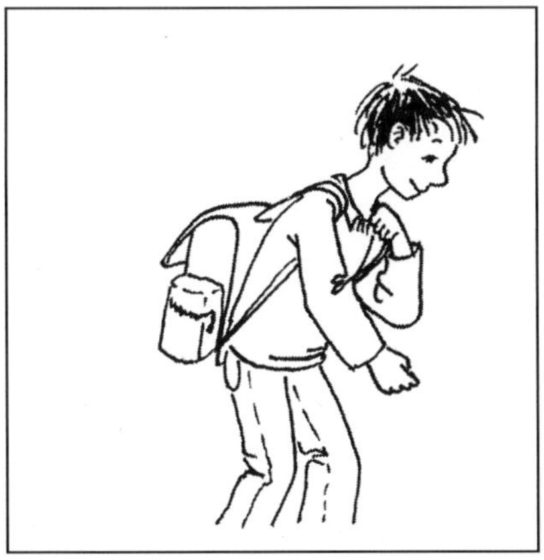

g)

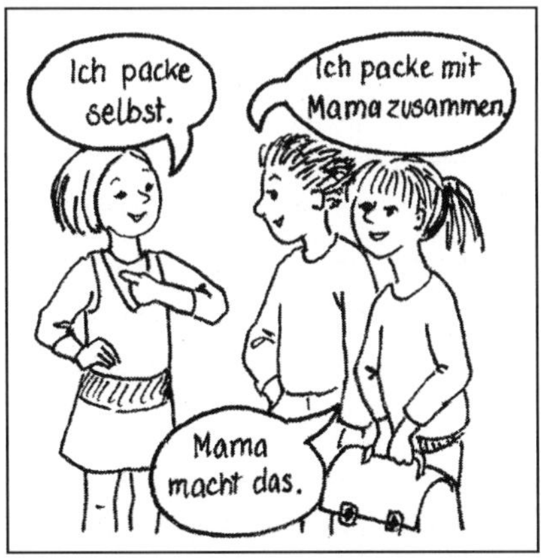
Ich packe selbst.
Ich packe mit Mama zusammen.
Mama macht das.

h)

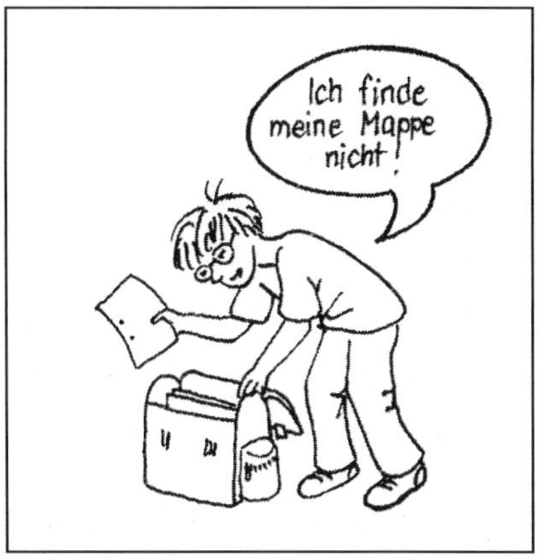
Ich finde meine Mappe nicht!

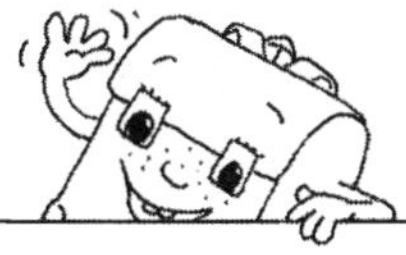

Das kannst du auch noch machen:

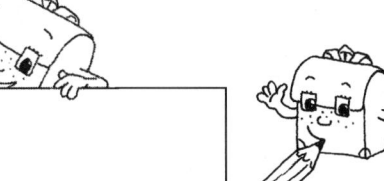

1. Male die Bilder an.
2. Bewerte die Ranzen-Probleme von 1 (= kleines Problem) bis 3 (= großes Problem).

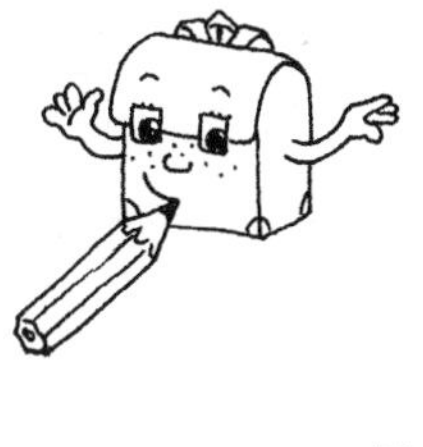

Müll im Ranzen

1. Suche im Müllberg das Schulmaterial. Male das Schulmaterial farbig an. Findest du alles?

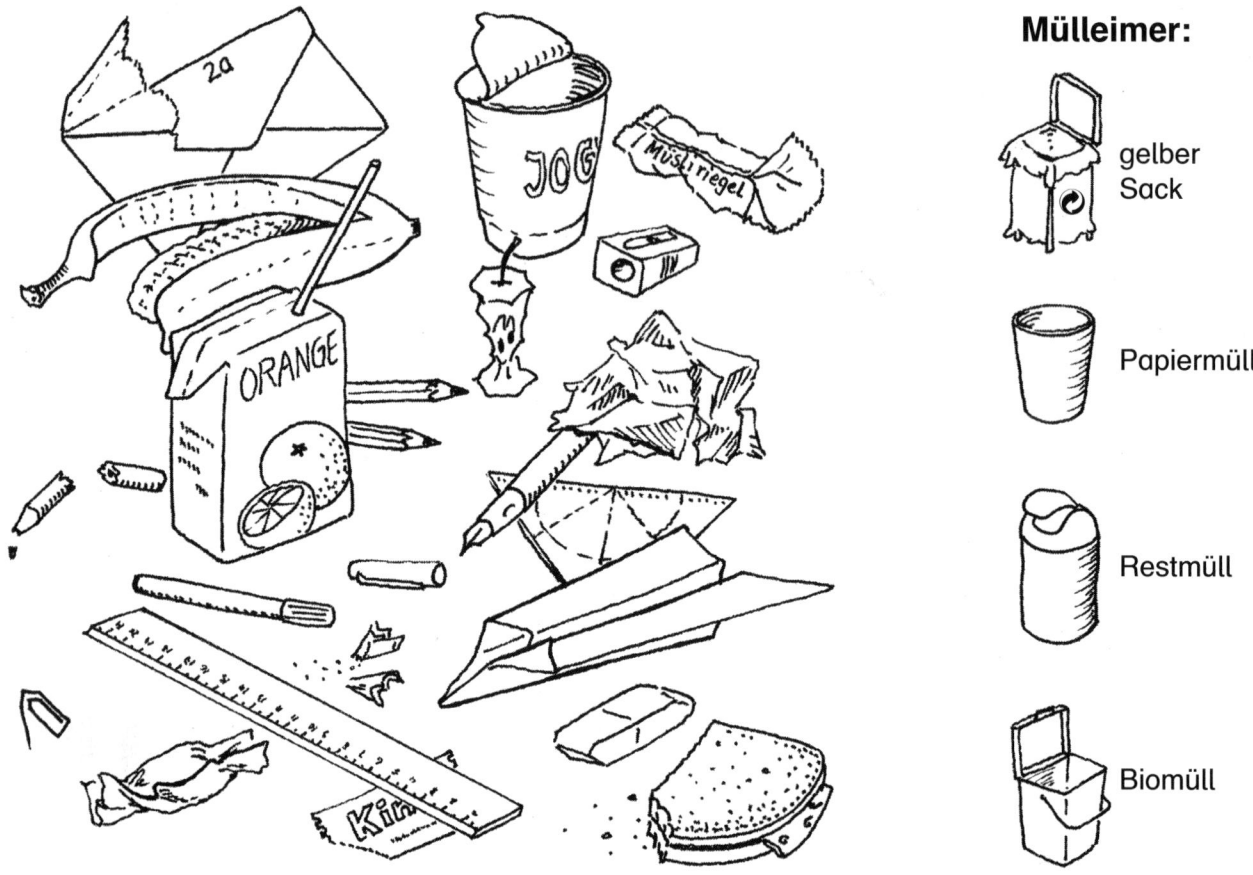

Mülleimer:

gelber Sack

Papiermüll

Restmüll

Biomüll

2. Schreibe auf, welche Schulmaterialien du gefunden hast.

_____

_____

3. Sortiere den Müll in die richtigen Mülleimer. Verbinde den Müll mit dem passenden Mülleimer.

Das kannst du auch noch machen:

1. a) Schätze, wie viel Müll sich in allen Ranzen deiner Klasse befindet: nichts, ein, zwei oder drei Eimer?
   b) Räume den Müll aus deinem Ranzen.
   c) Wer hat am besten geschätzt?
   d) Wirf den Müll in die richtigen Mülleimer.
2. Wie viel Müll fällt täglich in der gesamten Schule an? Schätze. Sammle. Wiege.
3. Was kannst du tun, damit der Müllberg kleiner wird? Erzähle. Male.

Die vollständige Federtasche

1. Male die Federtasche an.
2. Beschrifte die Federtasche.
3. Sind die Materialien in deiner Federtasche immer vollständig vorhanden?
   Wenn ja, warum? Wenn nein, warum nicht? Erzähle. Schreibe auf.

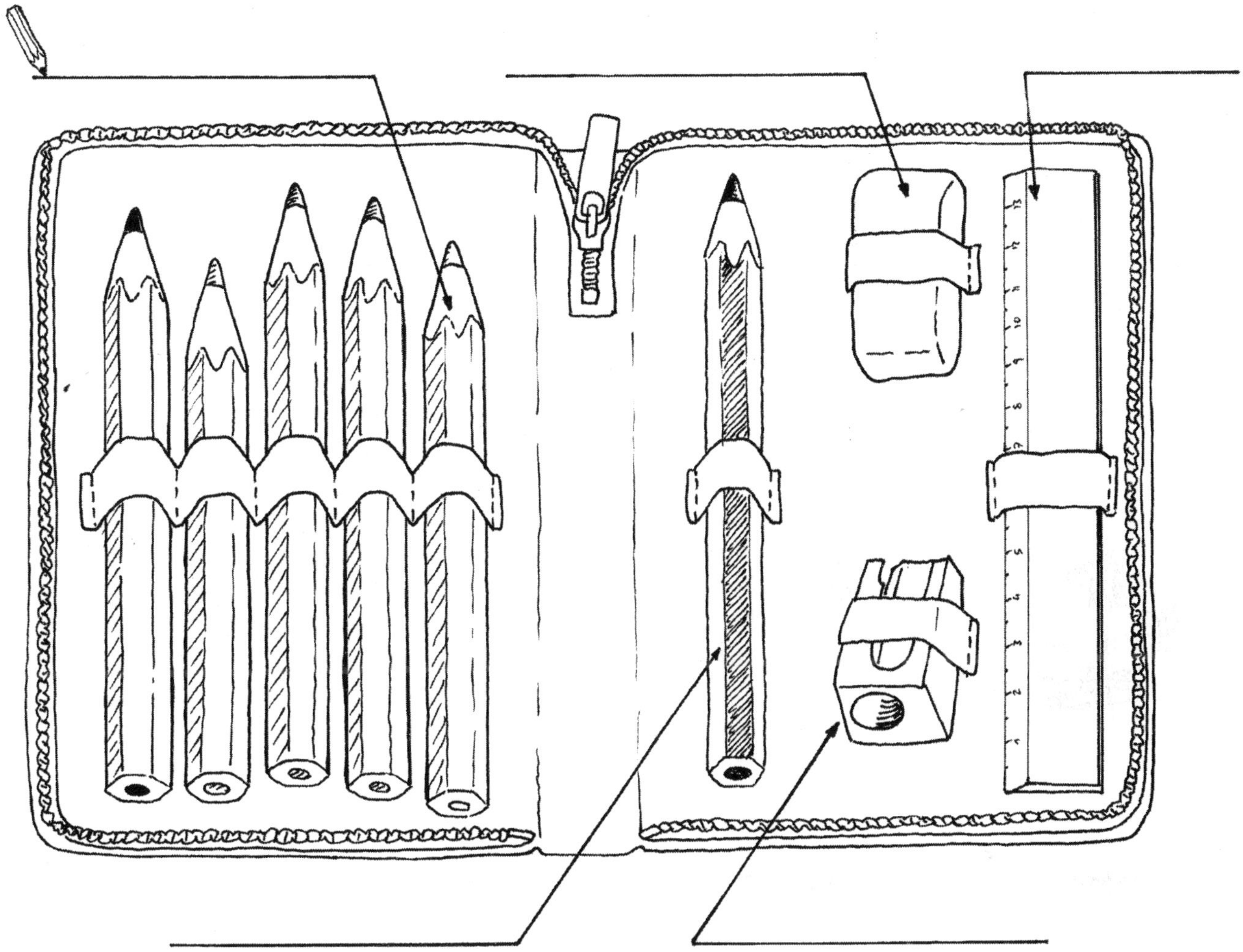

| Buntstifte | Bleistift | Lineal |

| Anspitzer | Radierer |

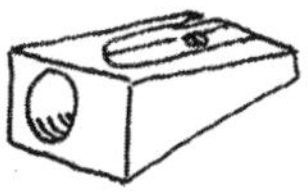

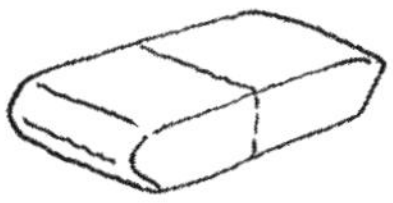

Das kannst du auch noch machen:

1. Schreibe deinen Namen auf/in deine Materialien (z. B. Stifte, Anspitzer, Lineal).
2. Vergleicht eure Federtaschen: Gibt es Unterschiede? Welche?
3. Gestaltet eine Fundkiste für Bleistifte, Radiergummis..., die jemand verloren hat und stellt sie in eure Klasse.

Die aufgeräumte Federtasche

1. Welche Sachen gehören in eine Federtasche? Male sie unten farbig an.
2. Schneide sie aus. Klebe sie ein.

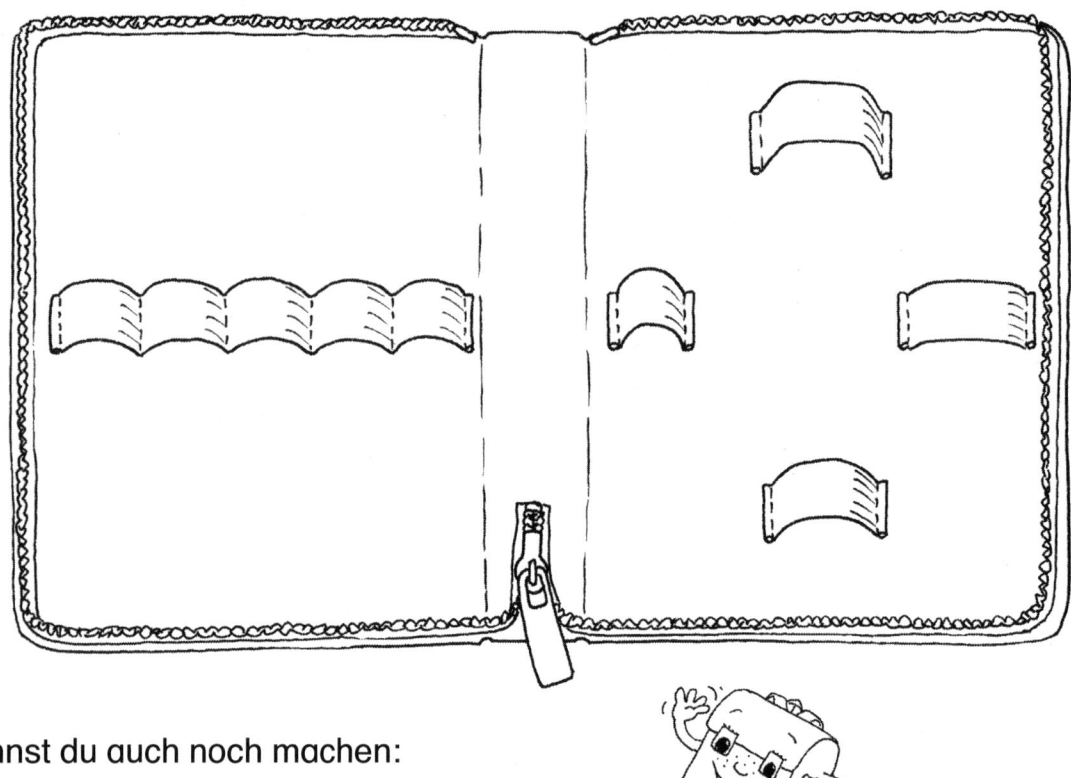

Das kannst du auch noch machen:

1. Vergleiche deine Federtasche mit den Federtaschen deiner Mitschüler – vor und nach dem Aufräumen.
2. Räume deine Federtasche aus. Wie lange brauchst du, es wieder einzuräumen? Stoppe die Zeit. Wer ist der schnellste „Federtaschen-Einräumer" deiner Klasse?
3. Gestalte ein Lernplakat: „Was gehört in eine aufgeräumte und vollständige Federtasche?"

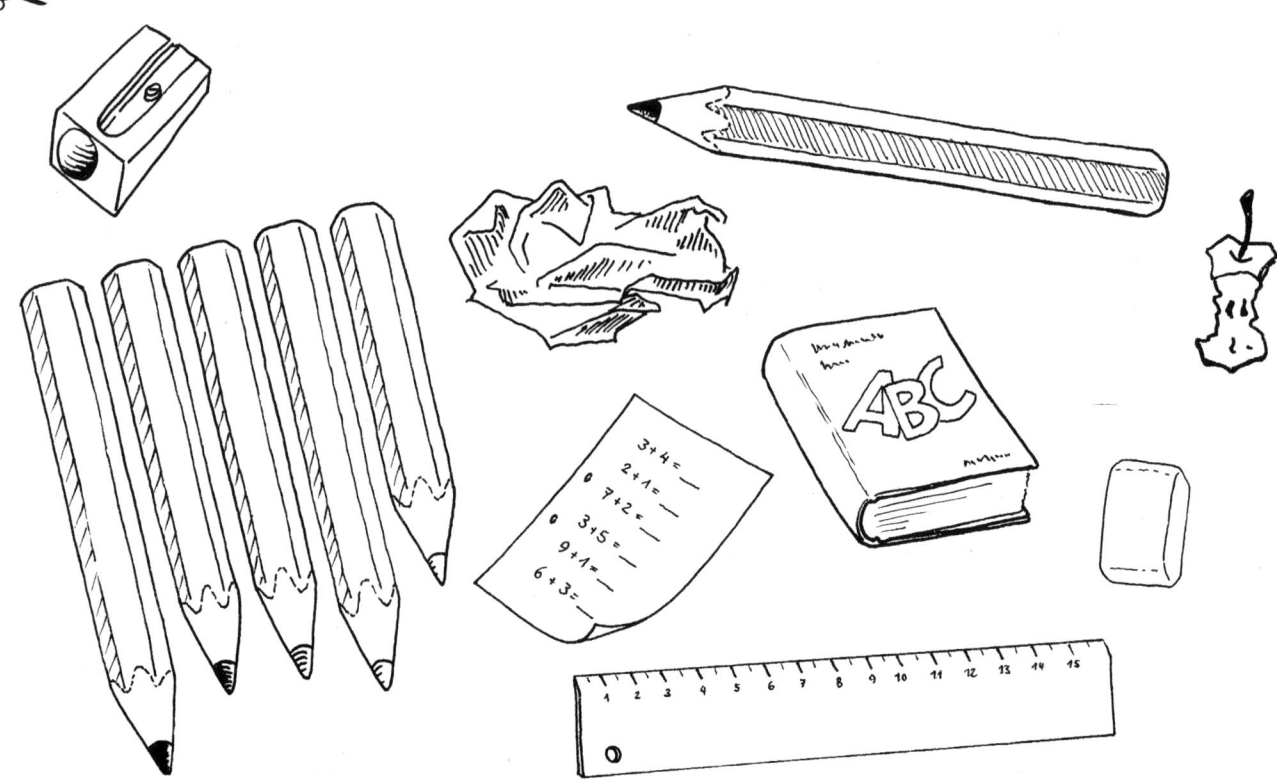

Nadine Evers/Bernd Wehren: Der Schulranzen-Führerschein
© Persen Verlag

1. Warum kann ein Arbeitsblatt (A, B, C, D, E) so aussehen? Erzähle.

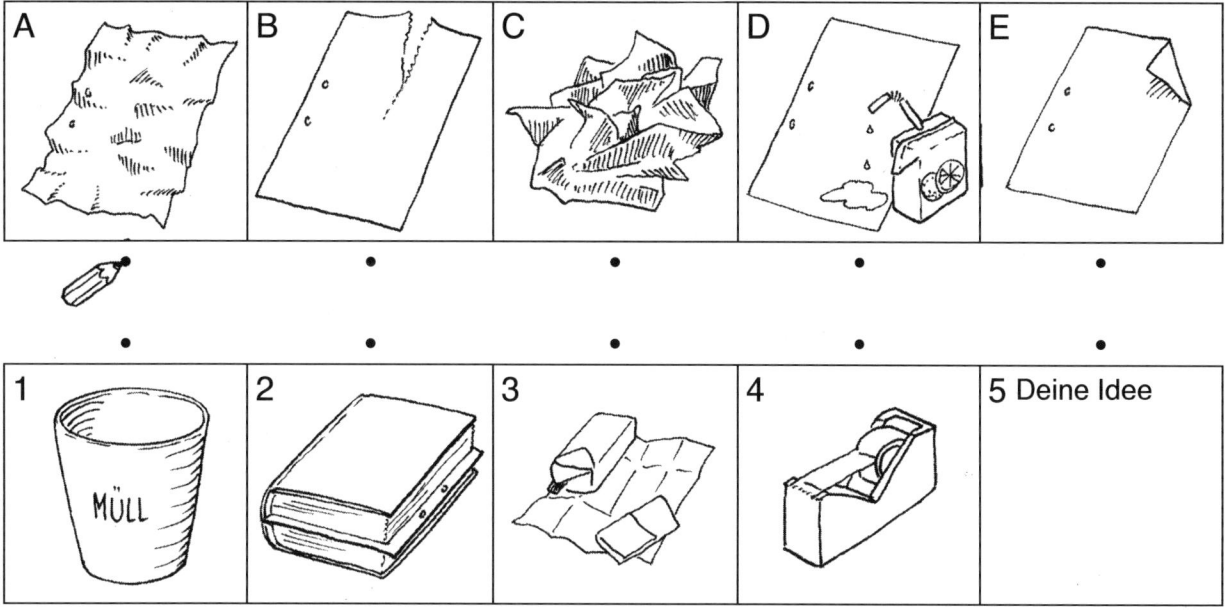

2. a) Wie kannst du diesen Arbeitsblättern (A, B, C, D, E) helfen?
   Verbinde die Arbeitsblätter mit den richtigen Zahlen (1, 2, 3, 4, 5). Erkläre.

   b) Erfinde einen lustigen Merksatz: Schreibe auf die Linien, was du tun musst,
   damit deine Arbeitsblätter nicht zerknittern oder zerreißen.

_____

_____

_____

3. Wie biegst du die Metallbügel im Schnellhefter am besten, damit die Arbeitsblätter
   ordentlich im Hefter verbleiben?

   a) Vermute. Erzähle. Probiere diese vier Möglichkeiten aus:

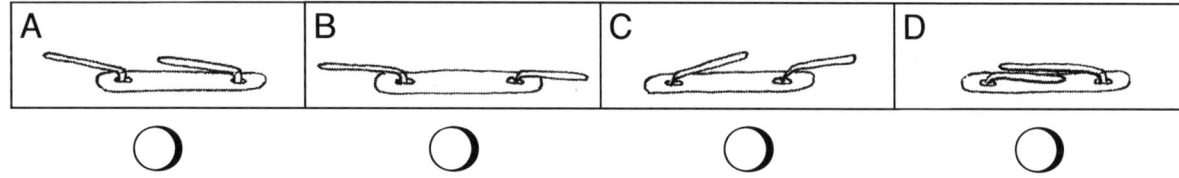

   b) Kreuze die beste(n) Möglichkeit(en) an. Erkläre.

Das kannst du auch noch machen:

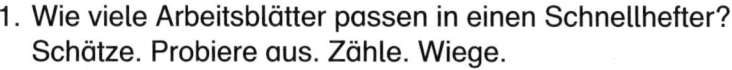

1. Wie viele Arbeitsblätter passen in einen Schnellhefter?
   Schätze. Probiere aus. Zähle. Wiege.
2. Liegen unter deinem Tisch, in deinem Fach oder Ranzen lose Arbeitsblätter?
   Räume auf.
3. Richte in deiner Klasse einen Verteiler-Dienst für Arbeitsblätter ein.

Stifte anspitzen

1. Wie spitzt du Stifte richtig an? Erkläre mit Hilfe des Bildes.
2. Probiere es aus – als Links- und Rechtshänder. Merkst du Unterschiede?
3. Spitze alle Stifte aus deiner Federtasche an.

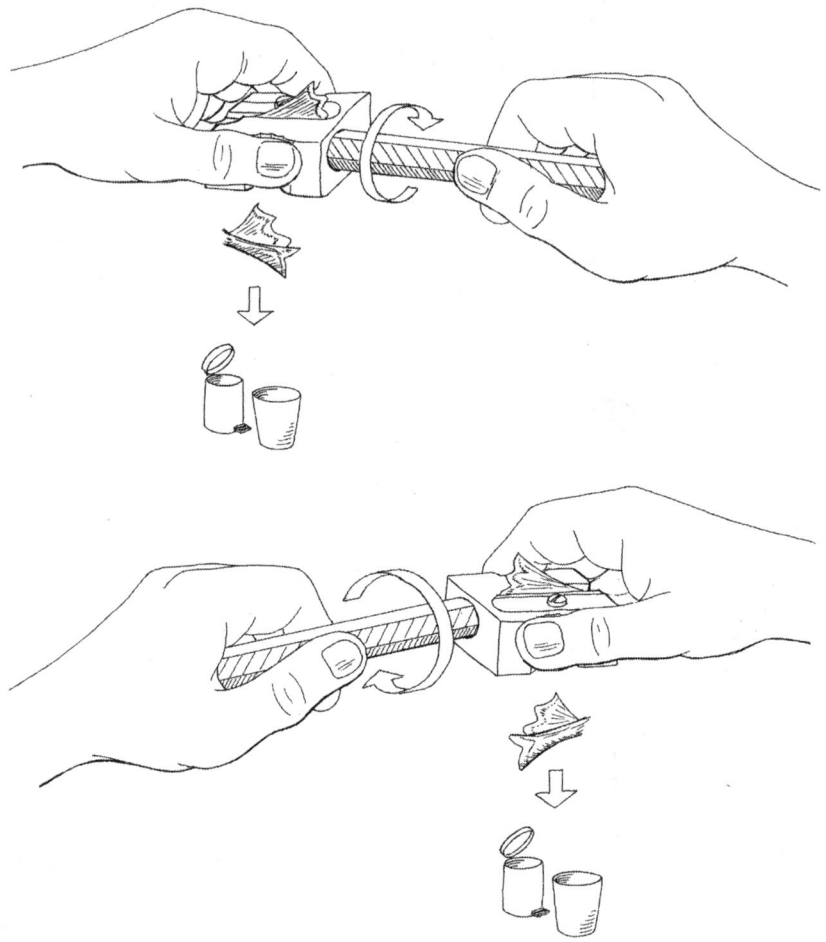

4. Warum solltest du deine Stifte anspitzen können?
   Worauf muss man beim Anspitzen achten? Erzähle. Schreibe auf.

_____

_____

_____

_____

_____

Das kannst du auch noch machen:

1. Es gibt verschiedene Anspitzer. Vergleiche unterschiedliche Anspitzer in deiner
   Klasse. Nenne Unterschiede und Gemeinsamkeiten, Vor- und Nachteile.
2. Gestalte ein Lernplakat:
   a) „Wie spitze ich meine Stifte an?" b) „Welche Anspitzer gibt es?
   Und welche Vor- und Nachteile haben sie?"

Nadine Evers/Bernd Wehren: Der Schulranzen-Führerschein
© Persen Verlag

1. Lies die „Schnuffi-Geschichte".
2. Schau dir die Seiten des Heftes an. Kreise alles ein, was du verbessern könntest.
3. Schreibe den Text ordentlich, sauber und übersichtlich in dein Heft.
4. Vergleicht eure ordentlichen Texte.
5. Schreibe die „Schnuffi-Geschichte" in deinem Heft weiter.

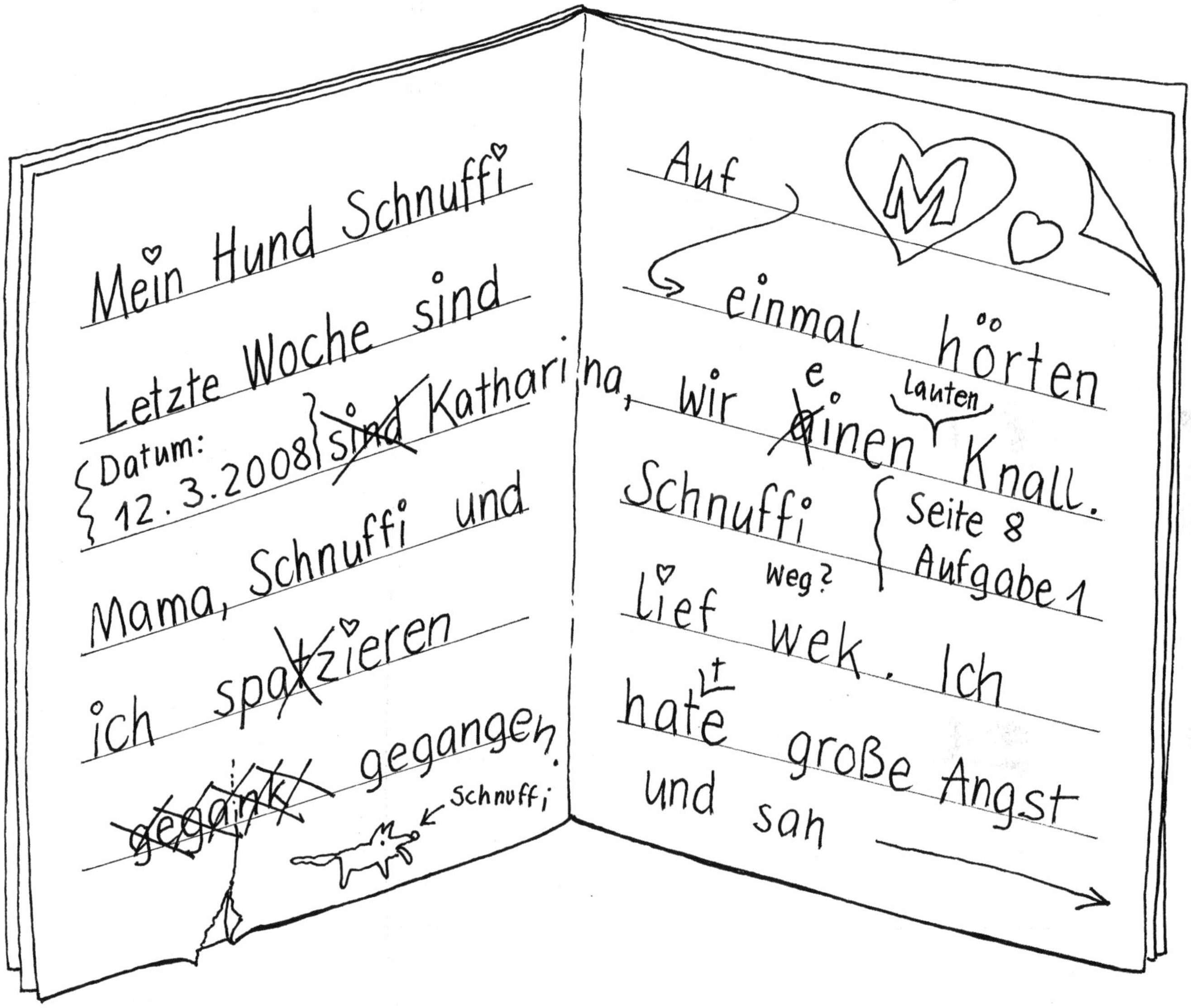

Mein Hund Schnuffi

Letzte Woche sind
{ Datum:
12.3.2008 } ~~sind~~ Katharina, wir

Mama, Schnuffi und

ich spa~~t~~zieren

~~gegank~~ gegangen.

← Schnuffi

Auf M ♡

→ einmal hörten

wir ~~einen~~ (lauten) Knall.

Schnuffi { Seite 8
Aufgabe 1

Weg?

lief wek. Ich

ha~~t~~e große Angst

und sah →

Das kannst du auch noch machen:

1. a) Freiwillige vor! Stellt einige aufgeschlagene Hefte auf die Leiste der Tafel. Schreibt mit Kreide Nummern über die Hefte. Beschreibt die Unterschiede in der Heftführung. Nennt dabei keine Namen, sondern nur die Kreidenummern!
   b) Welche Heftführung gefällt dir und welche nicht? Warum? Erzähle. Schreibe auf.
2. Wer schafft es, die unordentlichste und chaotischste Seite zu gestalten? Vergleicht.

Bücher, Hefte und Hausaufgabenheft okay?

1. Sind alle deine Hefte und Bücher in Schutzhüllen eingeschlagen?　ja ○　nein ○

2. Warum ist es wichtig, dass Hefte und Bücher in Schutzhüllen eingeschlagen sind?

_____

_____

3. Woher kommt das Wort „Eselsohren"? Forsche im Internet.

_____

_____

4. Führst du ein Hausaufgabenheft?　　　　　　　ja ○　nein ○

5. Warum solltest du ein Hausaufgabenheft immer dabei haben – in der Schule
und auch zu Hause?

_____

_____

6. a) Schreibe deine Hausaufgaben jeden Tag auf eine andere der drei
Hausaufgaben-Seiten (A, B, C).
   b) Benote danach die verschiedenen Hausaufgaben-Seiten. Begründe deine Noten.

A: Datum: _____　B: Datum: _____　C: _____

D: ☑ _____　_____　_____

Ma: ☐ _____　_____　_____

_____ ☐　_____　_____

_____ ☐　_____　_____

🏠 _____　🏠 _____

Note: _____　Note: _____　Note: _____

🏠 Infos für die Eltern

7. Gestalte deine eigene Lieblings-Hausaufgaben-Seite.

Das kannst du auch noch machen:

1. Sind alle deine Hefte und dein Hausaufgabenheft ordentlich? Kontrolliere.
2. Bastele mit kleinen Blättern und Tacker dein eigenes Hausaufgabenheft.
3. Gestalte ein Lernplakat: „Was bedeuten die Abkürzungen und Symbole in einem
Hausaufgabenheft (AB, MB, SU, D, S., AG, AH.....)?"
4. Schreibe die Abkürzungen bzw. Symbole mit Erklärungen vorne in dein
Hausaufgaben-Heft.

Nadine Evers/Bernd Wehren: Der Schulranzen-Führerschein
© Persen Verlag

Keine vollen Hefter

1. Schätze das Gewicht deines Ranzens – mit und ohne Inhalt.
2. Wiege den Ranzen und seinen Inhalt.
3. Schreibe die Reihenfolge in die „TOP 10 - Liste".

	Schätze.	**Wiege.**
leerer Ranzen		
Federtasche		
Trinkflasche		
ein Hefter		
alle Hefter		
ein Heft		
alle Hefte		
Anspitzer		
alle Bücher		
Brotdose		
voller Ranzen		

TOP 10 - Liste

Von schwer nach leicht:

1. _____

2. _____

3. _____

4. _____

5. _____

6. _____

7. _____

8. _____

9. _____

10. _____

4. Wiege dich. Teile dein Gewicht durch zehn. Dann weißt du, wie viel dein Ranzen mit Inhalt wiegen darf.

Dein Körpergewicht : 10 = höchstes Gesamtgewicht deines Ranzens
_____ kg : 10 = _____ kg

Du wiegst: _____ kg. Also darf dein gepackter Ranzen nur _____ kg wiegen.

Dein gepackter Ranzen wiegt _____ kg.

5. Wiege alle deine Hefter. Leere nun deine Hefter, sodass nur noch die neusten, also oberen 15 Arbeitsblätter in deinem Hefter sind. Wiege deine Hefter noch einmal.

Das kannst du auch noch machen:

1. Wie viel wiegen die Ranzen aus deiner Klasse zusammen?
2. Wie viel wiegen alle Kinder aus deiner Klasse zusammen?
3. Wie viel Gewicht spart ihr zusammen, wenn ihr eure Hefter leert?

Schulmaterial zuordnen

1. Schneide die Bild-Wort-Karten „Schulmaterial" unten aus. Lies.
2. Ordne das Schulmaterial dem Ranzen, dem Regalfach, dem Tisch und der Federtasche zu.
3. Erkläre, warum du das Schulmaterial so zugeordnet hast.
4. Klebe das Schulmaterial auf.

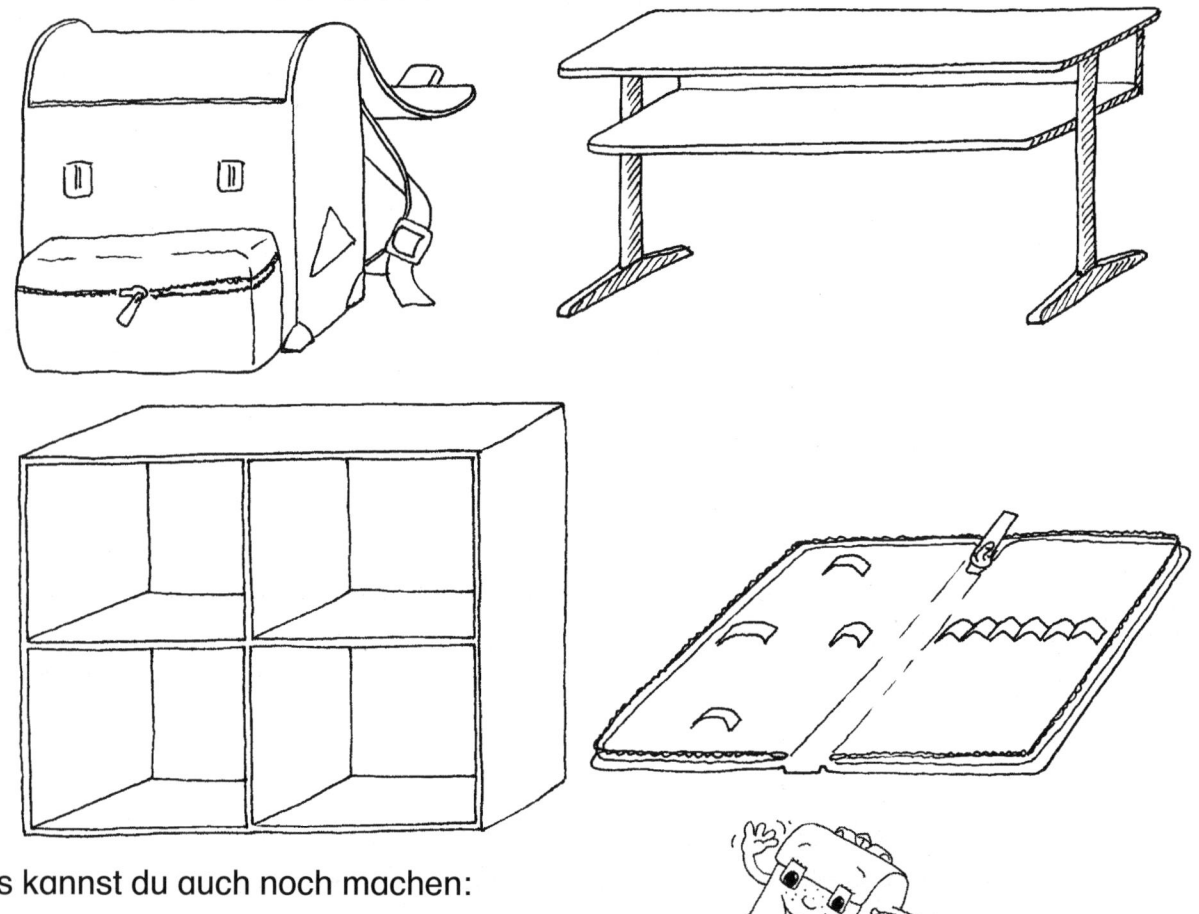

Das kannst du auch noch machen:

1. Wie hast du deine eigenen Bücher, Pinsel, Hefte, Malblock, Becher, Stifte usw. geordnet? Vergleiche mit anderen Kindern.
2. Gestalte ein Lernplakat: „Wo bewahre ich welche Schulmaterialien am besten auf?"

Bild-Wort-Karten „Schulmaterial"

Pinsel	Lineal	Buch	Zeichenblock	Heft
Anspitzer	Wasserfarbenkasten	Becher	Lappen	Bleistift
Hefter	Schreibblock	Radierer	Hausaufgabenheft	Buch

Nadine Evers/Bernd Wehren: Der Schulranzen-Führerschein
© Persen Verlag

Ranzen richtig tragen

1. Was tut deinem Rücken gut: A, B, C oder D? Vermute, probiere aus und kreuze an.
2. Erzähle, warum A, B, C oder D deinem Rücken gut oder nicht gut tut. Schreibe.

| A | B | C | D |

zu A: _____

zu B: _____

zu C: _____

zu D: _____

3. Bastle eine Wirbelsäule aus Korken, Schwamm und Blumendraht.

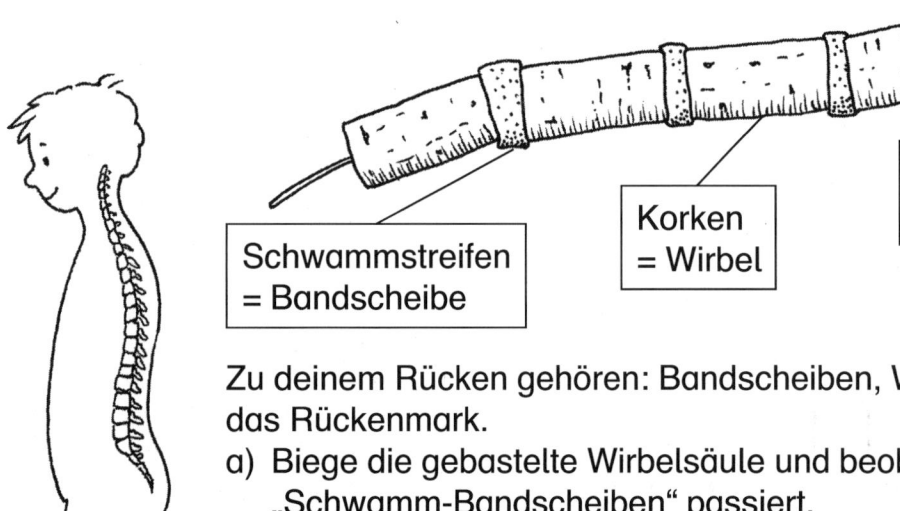

Schwammstreifen = Bandscheibe

Korken = Wirbel

Blumendraht = Rückenmark

Zu deinem Rücken gehören: Bandscheiben, Wirbel mit Bändern und das Rückenmark.
a) Biege die gebastelte Wirbelsäule und beobachte, was mit den „Schwamm-Bandscheiben" passiert.
b) Vermute nun: Was passiert mit deiner Wirbelsäule, wenn du den Ranzen so wie oben trägst (A, B, C, D)?

Das kannst du auch noch machen:

1. Massiere den Rücken deines Tischnachbarn. Fühlst du die Wirbelsäule?
2. Forsche im Internet: Was findest du über die Wirbelsäule heraus?
3. Gestalte ein Lernplakat: „Wie trage ich den Ranzen richtig?"

1. Erzähle. Male. Schreibe.

a) Überschrift: _____

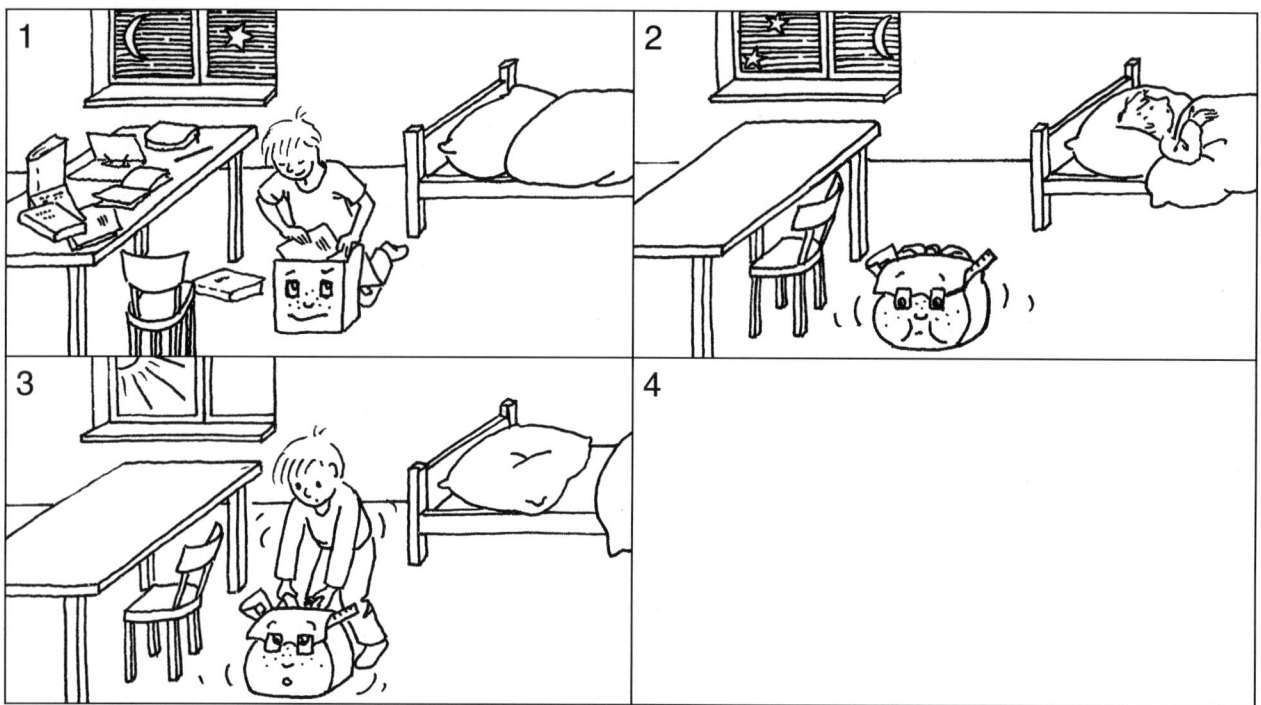

b) Überschrift: _____

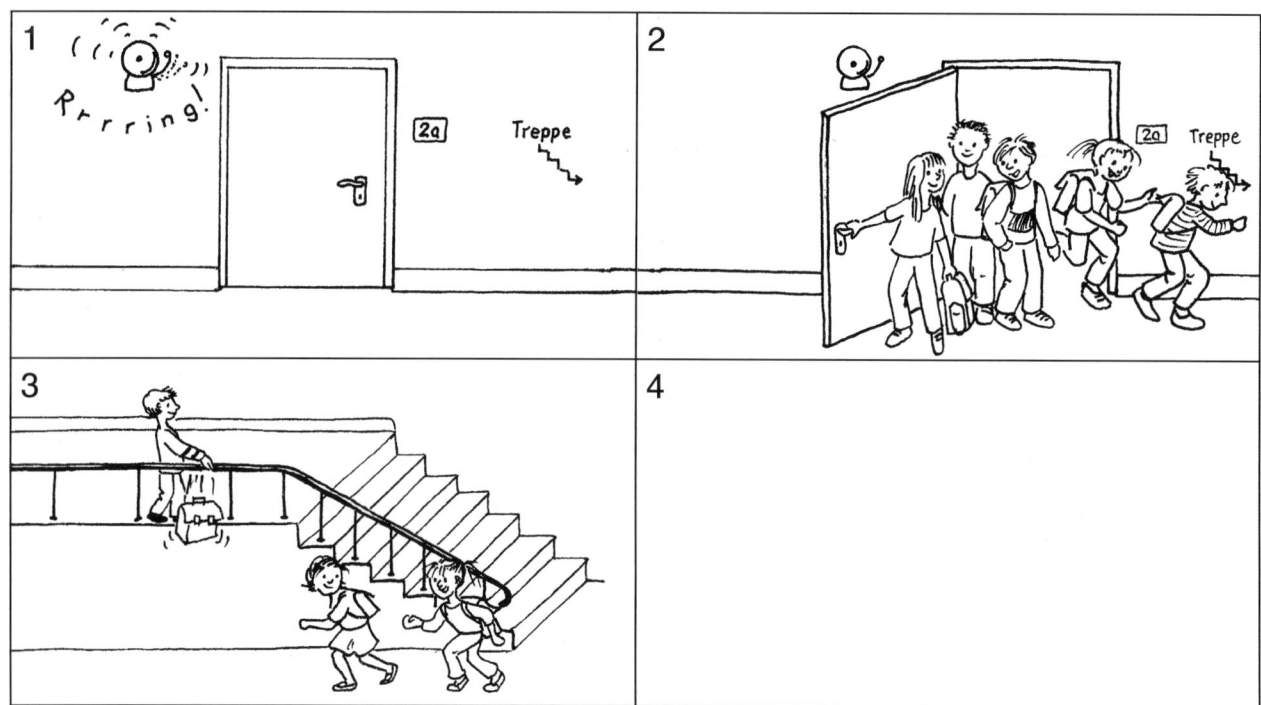

Das kannst du auch noch machen:

1. Spiele die Ranzen-Bildergeschichten mit anderen Kindern nach.
2. Erfinde und male eine eigene Bildergeschichte rund um den Ranzen.

Nadine Evers/Bernd Wehren: Der Schulranzen-Führerschein
© Persen Verlag

Schulsachen im Ranzen

1. Lies. Schreibe die Namen der Schulsachen neben die Bilder.
2. Trage die richtigen Nummern in den Ranzen ein.

Federtasche – Buch – Bleistift –Radiergummi – Schere
Heft – Füller– Schnellhefter – Lineal – Kleber

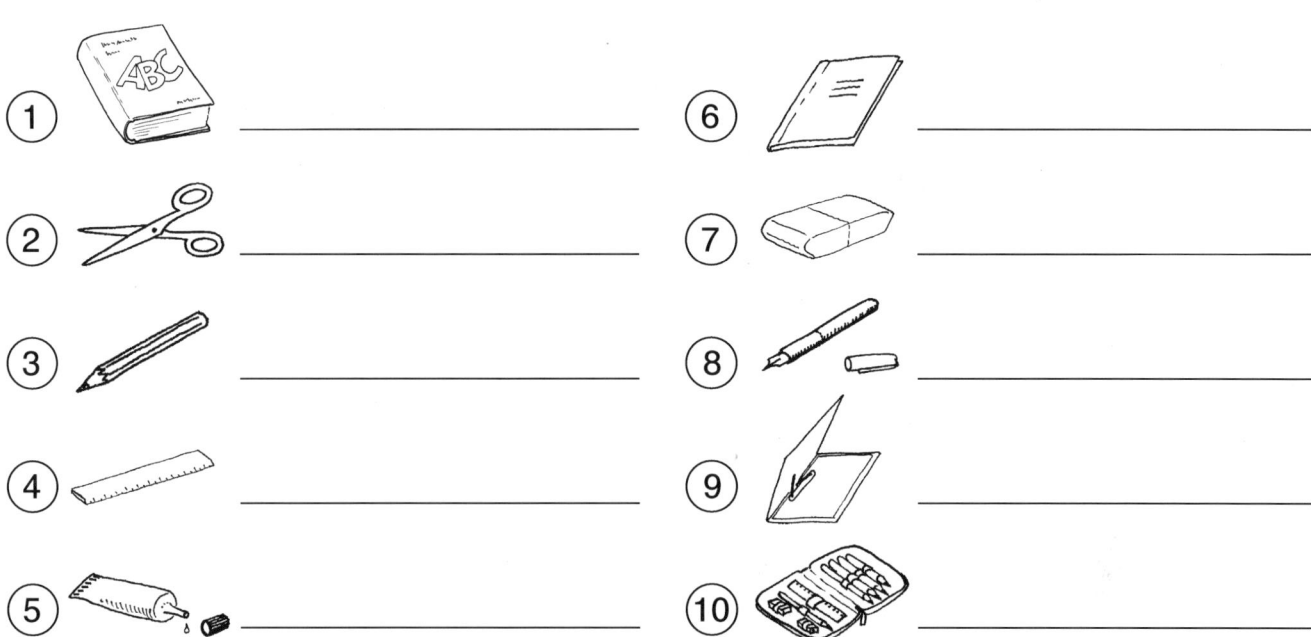

① _____ ⑥ _____

② _____ ⑦ _____

③ _____ ⑧ _____

④ _____ ⑨ _____

⑤ _____ ⑩ _____

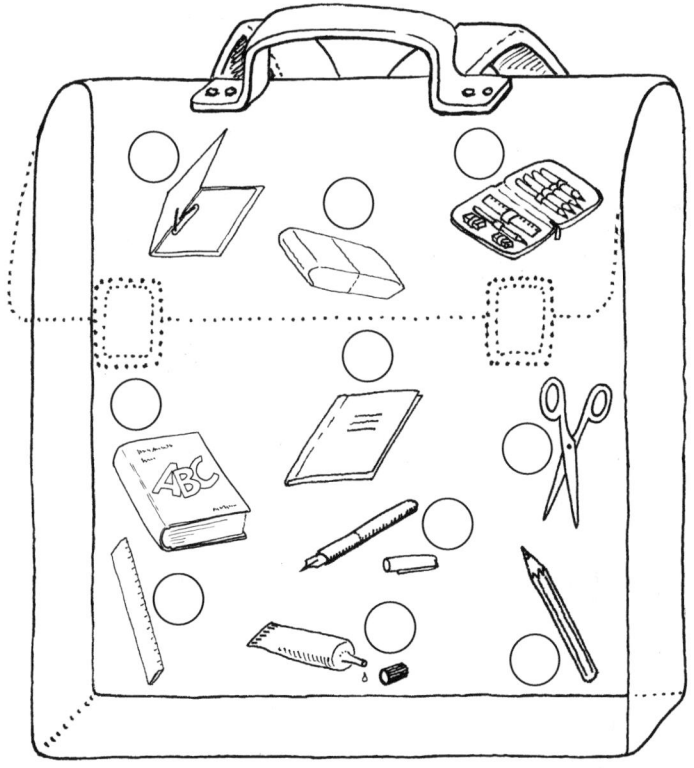

Das kannst du auch noch machen:

1. Lege deine Schulsachen auf den Tisch. Ein anderes Kind schließt die Augen.
   Es erfühlt die Schulsachen und nennt die Namen der Schulsachen.
2. Ordne deine Schulsachen von „sehr wichtig" bis „nicht wichtig".
   Begründe deine Reihenfolge.

Erste Hilfe für den Ranzen

1. Worüber beschweren sich die Ranzen? Erzähle. Schreibe in die Sprechblasen.
2. Kannst du Hilfen geben? Erzähle. Schreibe deine „Erste Hilfe" auf die Linien.

Erste Hilfe: _____

_____

_____

Erste Hilfe: _____

_____

_____

Erste Hilfe: _____

_____

_____

Erste Hilfe: _____

_____

_____

Das kannst du auch noch machen:

1. Male und schreibe einen „Erste Hilfe"-Ranzen-Comic.
2. Gestalte ein Lernplakat: „Erste Hilfe für den Ranzen".

Nadine Evers/Bernd Wehren: Der Schulranzen-Führerschein
© Persen Verlag

Die gesunde Brotdose

1. Schneide die Bild-Wort-Karten aus. Lies.
2. Klebe die gesunden Lebensmittel in die Brotdose.
3. Male die Lebensmittel aus, die du magst.

Das kannst du auch noch machen:

1. Schließe deine Augen. Dein Nachbar gibt dir etwas aus seiner Brotdose.
   Versuche zu schmecken, was es ist.
2. a) Macht euch ein gesundes Frühstück.
   b) Macht einen Obstsalat.
3. Gestalte ein Lernplakat: „Was gehört in eine gesunde Brotdose?".

 -

Apfel	Käse	Toast	Schokolade	Cola
Wasser	Banane	Brot mit Nutella	Möhre	
	Gummibärchen	Käsebrötchen	Tomate	Birne

1. Schreibe die passenden Wörter in die richtigen Zahlenreihen.

Senkrecht entsteht ein Lösungswort. Es lautet: _____.

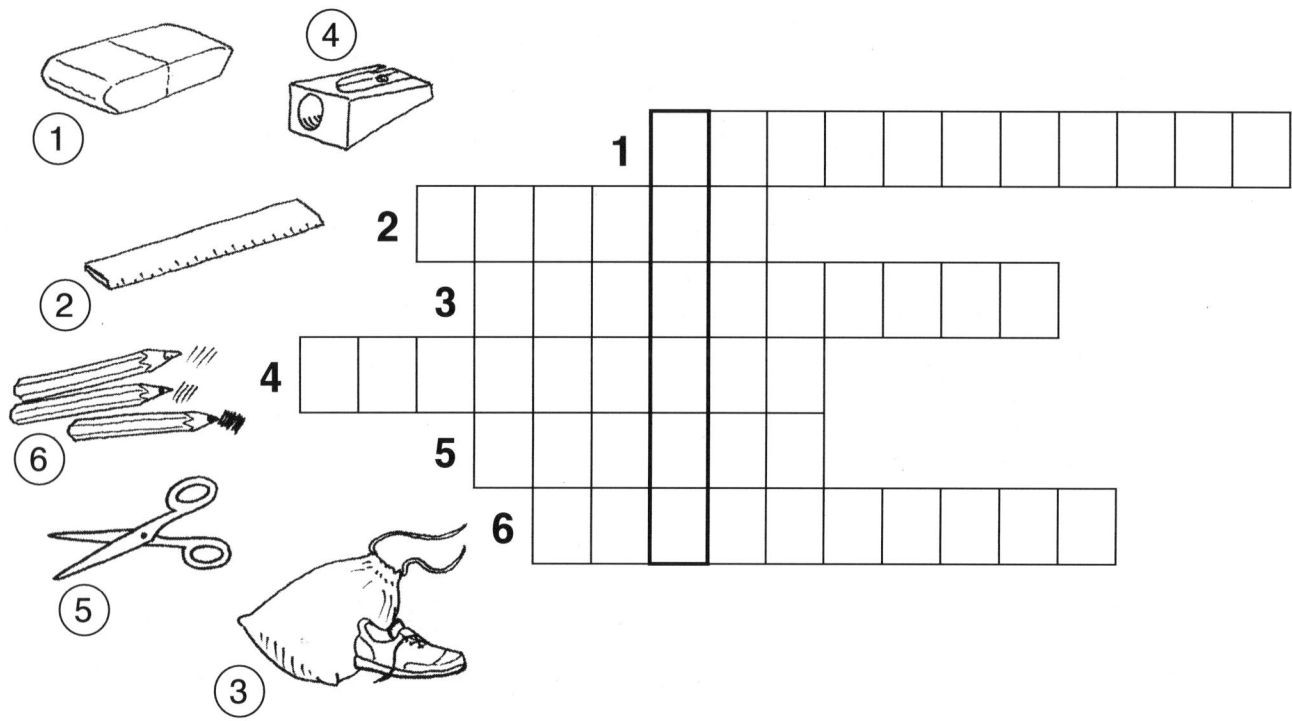

2. In diesem Suchrätsel sind 8 Wörter versteckt – vorwärts, rückwärts, diagonal, senkrecht, waagerecht. Kreise sie ein. Findest du alle 8 Wörter?

*1. Füller   2. Schnellhefter   3. Kleber   4. Strohhalm   5. Hefte   6. Buch
7. Reflektoren   8. Flasche*

R	e	f	l	e	k	t	o	r	e	n	K	G
S	Q	e	h	c	s	a	l	F	e	C	X	t
F	U	h	q	L	o	r	e	b	e	l	K	u
ü	a	X	r	h	N	J	H	g	B	J	E	i
l	g	O	c	y	N	c	l	p	A	B	l	a
l	r	u	S	t	r	o	h	h	a	l	m	V
e	B	e	L	d	y	c	K	M	I	P	Y	L
r	e	t	f	e	h	l	l	e	n	h	c	S
w	h	H	e	f	t	e	G	A	U	G	G	B

Nadine Evers/Bernd Wehren: Der Schulranzen-Führerschein
© Persen Verlag

Schulranzen-Führerschein

Urkunde

für

_____

Du kannst deinen Schulranzen richtig packen und tragen.

Du achtest darauf, dass dein Schulranzen, Hausaufgabenheft, deine
Federtasche, Hefter, Bücher und Hefte vollständig und ordentlich sind.

Auch unter deinem Tisch und im Fach liegen keine losen Blätter oder Müll.

Toll! Weiter so!

Dein Rudi Ranzen